풍수원

포지션 詞林 011
풍수원

펴낸날 | 2020년 7월 15일

지은이 | 최용훈
펴낸이 | 차재일
책임편집 | 이용헌
펴낸곳 | 포지선
등록번호 | 제2016-000118호
등록일자 | 2016년 4월 12일
주소 | 서울시 마포구 대흥로8길 26. 201호
전화 | 010-8945-2222
전자우편 | position2013@gmail.com

ⓒ 최용훈, 2020

ISBN 979-11-970197-1-5 03810

값 10,000원

* 이 책의 전부 또는 일부 내용을 재사용하려면 반드시 지은이와 포지선의 서면 동의를 받아야 합니다.

풍수원

최용훈 시집

포지션

* 한 연이 다음 쪽의 첫 행에서 시작될 때는 '〉'표시를 함.

시
인
의
말

쓸데없는 생각들이
쓸모 있을 때까지
살아야 함을,
살아낼 수 있을 때까지

2020. 여름

최용훈

차
례

제1부

꽃　13

현기증　14

자화상 1　16

풍수원 1　18

풍수원 2　19

풍수원 3　20

풍수원 4　22

풍수원 5　23

풍수원 6　24

풍수원 7　26

풍수원 10　28

풍수원 8　30

풍수원 9　32

내 정체성의 요소들　34

운명, 그 적막寂寞에 대하여　36

낮과 밤　38

제2부

자화상 2　42
4월　43
화창한 참담　44
ㄱㅣㅇㅓㄱㅎㅏㄹㅏ　46
늪　48
뇌수　51
저지대　52
시간 여행자　54
텍스트　56
공감　57
옹이, 천년天年을 버티는 힘　58
노마드　60
생계　61
콤플렉스　62
동백　63
東海　64
자화상 4　66

제3부

자화상 3   70
질문   71
선무당   72
달맞이꽃   73
명암   74
여우비   76
코타르 증후군   77
구름   78
가면   80
문장부호   82
번외   84
우화寓話   86
여백   87
난공불락   88
금과 옥조   90
일몰   92
꿈   93
새   94

제4부

백일몽　98
불면　100
노안　102
폐가　103
관성　104
풍토병 1　106
풍토병 2　108
풍토병 3　110
풍토병 4　112
풍토병 5　113
풍토병 6　115
돌멩이　117
인연　120
일그러짐에 대하여　122
상실감이 도착하는 계절　124
천형天刑　126
저미다　127
해설 시적 전환을 통해 열리는 또 다른 세상 | 김동원　130

제1부

꽃

꽃이 색채로 말을 걸면
시는 조울증을 앓고
꽃이 가까이서 떫은 향내로 아는 체를 하면
시는 귀부인의 시종이 되고
꽃이 무성생식으로 섬섬옥수 부풀면
시는 쾌락이 되고
꽃이 활짝 웃으면,
시는 팔매질 된 돌멩이로 날아가고
꽃이 시치미를 떼면
시는 한없이 작아지고 작아져
소실점을 메꾸는 무용無用이 되고
꽃이 시가 되면
나는 불지 않는 바람이 되고

현기증

내 모계는 비의 종족
비의 영토에는 추락과 착륙 사이에 난기류가 흘러
뇌우들 집성촌을 구름이라 부른다

내 부계는 바람의 종족
바람의 영토에는 국경이 없어
등대들 거주지는 하나같이 바다가 지척,

비와 바람을 숭배하는 나는
골밀도가 연령 기대치 이하인 흐느낌이어서
몸도 마음도 가문 사막의 식민지…

희망은 늘 번듯한 건물만 찾아다니고
건조한 운명에는 인력관리사무소나 이발소
복덕방이나 정육점 같은 점포들만 입점해

나는,

펜촉 끝에서 풀려나오는 흐느낌이 내레이션으로 흐르는 세상을
앙다문 이빨 사이로 내다보는 중이다

자화상 1
―낙타

길잡이 삼은 저 별빛은
내 가계家戒가 작성되기도 전에 빛난 신기루여서,
운명과 조우할 수 없는 너는
인연을 찾아 발굽이 닳는 슬픈 짐승

기다림에 붉어져 나온 눈망울로
지나온 행적을 되짚으면,
아, 기억은 어떤 기억도 인질이어서
너는 용서받기 위해 태어난 짐승

습도기가 필요 없는 가문은 폐문한 지 오래
하루하루 살을 파고드는 모래바람에 온몸을 내주며
별이 사라지는 너머를 향해
무릎을 꿇어야 잠들 수 있는 너는,

후생을 구제하기 위해
사막한 현생을 감내하는

전생의 수형자

풍수원 1
―고해

잠이 딴짓을 하는 밤
습관은 성실해도 너무 성실해서
쾌락은 탈의하는 버릇을 고치지 못하고
나는 벌거벗겨진 감정을 감추려고
기꺼이 눈꺼풀과 공모를 합니다
그런들 부끄러움은 발열체여서
벌거벗어도 체온이 오르는 감정을 개종시키려고
풍수원에 오면,
어떤 기억은 오랜 인질 생활로 스톡홀름증후군을 앓아서
탈의를 강요하던 계절은 가버렸는데도
스스로 탈의를 하고 있는 나무들…
끝내 부끄러움마저 벗어던진 알몸의 나무들처럼
부끄러움을 모르는 나의 신부信否여
누구 가을도 이리 고고枯槁해
이제는 자꾸 움츠러드는 목과
손과 발을 깨끗이 씻고
삭풍 앞에 무릎을 꿇어야 하는 시간입니다

풍수원 2
—기도

입속을 맴돌다
텅 빈 동공으로 메아리치는 혼잣말에 이끌려
풍수원에 오면,
어떤 감정에 감염된 계절은
해왕성의 하루보다는 짧고
내 생애보다는 길어…
비가 새는 목청과
말이 바닥난 가난한 사랑을
습습한 마음으로 수리한 뒤
일수 찍던 안달을
삼십 년 장기분할로 갈아타면서,
오래 나를 닦달해온 나의 신부信否여
내 부채 의식에 연대보증을 선
우울과 상실, 그리고
고단함이
탐욕과 친족관계임을 알아낼 수 있었습니다

풍수원 3
―변명

집요한 신부信婦여
'비집는다'는 말은 의지가 굳세
어떤 감정은 살을 비집고 나옵디다
살 비집고 나와 강이 되어 흐르는
장구한 고통에 전율하면서
강은 강물을 상실하는 순간에도 대지를 적시고
내 눈물은 내 몸을 떠나서까지도 나를 적시고,
아버지… 이별을 하는 순간에도 당신은
눈길을 돌리지 않았습니다
슬픔이 운명적으로 방문을 하는 감정은
나의 종교,
구차한 변명거리가 생길 때마다
어미의 민감한 살을 비집던 의지로
풍수원에 오면,
인기척으로 떠도는 기억들이
강물이 강물을 밀어내도 제자리를 지키는
강같이 머물러 있어서

스스로 침묵이 되어 흘러가는
넋두리

풍수원 4
—사랑

감언이설을 채록하면 어둠 속에서도 빛이 나
사랑이여 자체 발광하는 미사여구는
'죽고 싶다'거나 '미칠 것 같다'는
대책 없는 말들을 추종합니다
그래요 사랑은 사실 제멋대로 생겨먹어서
자기검열에게조차 신분증 제시를 요구받는 의심 분자죠
그런 사랑을 어쩌지 못해
오늘도 풍수원에 와
산그늘 미사포를 쓴 저녁을 만나면,
아 미망인 흐느낌으로 불어오는 바람과
심박 소리가 오장육부로 퍼지는 사랑은
출생부터 두서가 없고…
죄 없이 떨리는 마음마저 말을 더듬어서
사랑을 믿지 않는 나의 신부信否여
그대도 신분 상승에 연루된
사랑의 전력을 그에 들키고 마는 겁니다

풍수원 5
—묵상

당신이라는 기온 차가
눈시울을 이리 붉게 물들여 가을이 오고
사라진 것들은 눈을 감게 만들어서,
다정한 나의 신부信婦여
내가 나에게 다짐하는
가을의 공약은 이런 것입니다
무한정으로 빈틈없이 메꾼 저 무한정한 하늘이
빈틈이라도
아직 일용할 후회가 남아있는 한
채색된 감정들은 색채를 모두 제거해서라도
이 계절을 살아내겠다는 것입니다
그러나 비워야 견딜 수 있는 계절이라도
높은 집은 추워서,
밤낮없이 해와 달을 묵주 돌리는 풍수원도
이 계절만큼은 조금 더
움츠린 자세로 묵상에 들었습니다

풍수원 6
―폐허

의심으로 믿음을 탕진한 나의 신부信婦여
어떤 감정은 친밀과 비밀 사이에서 서식합디다
그곳은 기후가 체온보다 후끈해서
금세 감정이 우거지기 때문일까요
친밀과 비밀 사이에서는 누구나 자주 길을 잃고,
누군가 길을 잃을 때마다
'당연지사'를 전도하는 부흥회가 성황을 이룹니다
사람 감정은 고해苦海와 고해告解
그리고 기도祈禱와 기도企圖 사이에서
믿음을 잃고 방황하는 냉담자들…
그렇습니다 어떤 목적어는 이란성 쌍생아여서
밀회를 즐기는 로망과 허망이
친밀과 비밀 사이에서 목격되기도 합니다
나의 신부여 알다시피 믿음은 불친절해서
우리는 선택을 해야 하는 순간마다 결정장애를 앓고,
위도緯度가 마르는 계절이 오면
체감온도 차 큰 감정에

감정의 생태계도 메말라서
젖지 않는 것들은 어루만질 수가 없었습니다
만지면 바스러져 버리고 말 슬픔이
눈물에도 젖지 않는다는 것이 더 슬퍼서
친밀과 비밀 사이에도 찬바람은 불고,
뜨겁게 달궈졌던 감정도 시드는 낙엽이 됩니다
그럴 때마다 거기 자생하는 장밋빛 환상들이
싸늘히 식은 감정에 붉어지고 붉어지다가
붉어짐을 감당할 수 없게 되면,
멜라닌세포가 창궐하는 흑장미로 변해
친밀과 비밀 사이를 온통
먹빛으로 치장해버립디다

풍수원 7
―병색

사랑에 대한 신뢰 부족으로
스스로조차 믿지 못하게 된 나의 신부信婦여
지금은 어스름이 생을 둘러싸
심장이 모종暮鐘으로 우는 저녁입니다
자신을 채찍으로 후려치는 회교도처럼 고백하자면
당목으로 제 가슴을 쳐대는 범종 소리에
산그늘이 깊어져 갈 때마다
첨탑에 올라가 도리질 치는 종이 생각나서,
시절 없이 흔들리며 살았습니다
나의 신부여 그렇습니다
영생이나 윤회는 죽음이 불인정하는 형식인데도
'마침내'를 신앙하는 반전이 두렵고
나조차 나를 믿지 못하는 질환은 유전이 돼
화장火葬할 것을 유언장에 명시해 두기까지 했습니다
그러나 감정을 드러내지 않는 속마음은 회색분자여서
한달음에 풍수원으로 내달려와
 꽃이 진 뒤 잎을 피우는 나무연[木蓮]의

희디흰 사랑을 가늠해보다가,
잎 다 진 뒤
마침내 꽃을 피우는
상사화의 붉은 이별이 떠올랐습니다

풍수원 10
―모종暮鐘

신앙은 없어도 마음이 힘들면
기도를 하는 나의 신부信婦여
생이 끝나가는 마지막에 다다라서야
부끄러움을 느낀 계수나무 잎사귀가,
생을 마감한 뒤
흙빛으로 변해가고 있습니다

바라는 바가 있으면
바윗덩이에도 치성을 드리는 우리들 나약함 때문에
횡설수설하는 발걸음으로 풍수원에 오면
모든 것이 불분명한 어스름 속에서 들리는,
심장을 타종하는 소리

온몸이 진동하는 그 소릴 혼자 듣노라면
뒷북이나 치는 후회는
과거의 전리품에 지나지 않아서,

심장에 거주하는 종지기가
어둑해진 심장을 타종할 때마다
되뇌는 고유명사 하나가 그 종소리에 박제돼
끊임없이 자기분열을 합니다

풍수원 8
―동상이몽

마음 패인 상처에
쓸쓸함을 넓게 펴 덧대주다가
'당신과 왔었습니다'와 '당신과 갔었습니다'의
약리작용이 달라서 당황합니다
몰아쉬는 숨과 숨 사이에서
묵묵히 내 머릿속을 방문하는 내방객들을
맞이하고 보내는 묵언…
킬로그램으로는 계량할 수 없는,
묵언 무게에 압착되면
아름다운 사연들도 관상용이 되고 말아
언젠가는 내게 버림받을 신부信否여
패인 상처가 드러날 때마다 덧대주었던 쓸쓸함에
내 몸속 어둠이 짙게 배어 있어서
도무지 아물지 않는 간절함은,
동상이몽의 유일한 공통분모
그 다름의 같음 하나만을 믿고
묵언과 동행해 풍수원에 오면

'바람만이 빠져나갈 수 있다'와
'바람만이 헤쳐나갈 수 있다'는 환청이
동시에 잠언으로 들려와서,
한때가 영원의 표피임을 알고도
지은 죄를 토설하지 못해 쓸쓸해졌음을
아름다움에게 고백해야만 합니다

풍수원 9
―묵정밭

풍수원 진입로 앞에서
두 발이 수뇌부의 지시를 거부합니다
세상과 결부된 것은 몸이 아니라 생각이지만
행동 여부는 수하들이 결정하는 체제가 사람입니다
내가 항시 생각하는 나라에서는
짐승과 사람의 차이를 경작 여부로 판별해
일상이 묵정밭으로 변해가는 세월은
하나의 해답 외는 모두 오답인 참고서일 뿐,
가감승제를 모르는 사랑이
세월에는 관심을 두지 않는 이유입니다
멈춰 선 시곗바늘처럼 혹간만 현명해서
아둔한 나의 신부信짊여
그대가 찾는 세상은 온유한 바람과
영혼까지 적시는 비로
무지개가 후류으로 뜨는 나라이지만
내가 꿈꾸는 세상은
이념은 변절해도 미풍양속은 미전향장기수인 감옥,

그런 세상은
어둠이 삭제되면 희미해지는 달빛처럼
슬픔이 욕망이 허용한 한계치를 넘지 않아서
묵정밭을 덮은 덤불 더미에도
무향의 꽃이 피는 청량한 나라입니다

내 정체성의 요소들

내 간절함이 태어난 장소
자궁

그 간절함을 비집고 나온 내 첫 방언
울음

살고 싶은 열정과 죽고 싶은 냉정이 만나는 두물머리
눈물

귓가에서 무한 증식하는 의문부호
부끄러움

거친 호흡 뒤에 따라붙는 문장부호
…와 ……

내 뜻과는 상관없이
세월이 하늘 밑에 반복해서 긋는 밑줄

이마 주름

오류가 많아 질문이 되는 대답
나잇살

운명, 그 적막寂寞에 대하여
—필연

 내가 내게 아우성치는 소리. 도대체 알아들어 먹을 수 없는 소리에 화가 나서 내 주먹으로 내 머리를 쥐 패다가, 퍼뜩 나 말곤 누구도 이 소릴 듣지 못한다는 생각이 스쳤을 때 고요도 소리의 집합 가운데 하나*라는 시구가 생각나 혹시 이 아우성이 고요가 내는 소리일지 모른다는 생각이 들었지요.

 당사자 말고는 아무도 관심이 없어서, 내 귓속에서 1인 시위 중인 이명은 귀머거리들의 유일한 해방구… 이마저도 못 견뎌 소리와 아주 담을 쌓는다면, 양손을 집합부호로 만들어 두 귀를 감싸 쥔들 내가 내게 해대는 이 지청구 소리를 알아들어 먹을 재간이 없고…

 가만, 고요는 완벽한 방음벽인데 귀머거리도 이명만은 듣는다? 그렇다면 주변이 고요할수록 더 크게 들리는 이 소리는 소리의 영역 밖에서 들려오는 어떤 계시이거나, 아니면 내가 내게 해대는 꾸지람이 외부로 새어 나가지 못하게 내 안의 다른 내가 나를 방어하는 방어기제인 것. 그런 거라면 고요가 내는 소리의 의미를 알아듣고 못 알아듣고는 누구 탓도 아닌 내 탓이 분명하지만, 고요의 집합에는 침묵도 포함돼서, 세상이 고요와 적막寂寞을 등가로 규정하면 고요가 소리를 지르는 게 적막適莫인 거죠.

* 황동규 「꽃의 고요」 중

낮과 밤

낮의 공동정범이 찾아왔을 때
외로움이 내 거짓된 출입문을 열어주었지
세상을 살아가는 데 꼭 필요하다는
목사와 의사와 회계사*중
목사는 신을 영접하기도 전에
외로움에게 포섭된 의심에게 살해되고
의사는 외로움의 치사량 하나 청진하지 못하는 돌팔이였지만
이득을 따지는 회계만큼은,
누구나 자신 있어 하는 분야라서
휘파람 불며 이번 생의 대차대조표를 작성하는 중이네
가치가 큰 항목을 먼저 상각하는 회계법에 따라
근심을 가장 먼저 감가상각 하는 동안
벌렁거리는 심장이 분식회계로
낮의 치부와 밤의 몰락을 상계처리해서,
반 넘게 소진한 이번 생도
영업이익은 싱글벙글이나 당기순익은 맨주먹

그 맨주먹으로 심장이 터져라 가슴을 쳐대도
낮과 밤은 서로에게 반면교사가 되지 못해
흑백으로 지나가는 삶이 암전될 때,
실망으로 기대를 변제하실 인연들이시여
휘파람을 불어주세요
야유와 조롱이 섞인 휘파람을 세게 불어주세요
모든 결말은 거짓으로 드러나야
세상이 안심을 하니까

*오스카 쉰들러에게 아버지가 알려준 살아가는 데 도움이 되는
 세 가지 직업.

제2부

자화상 2
―어둠의 자식

나는 언제나 밤이었구나
한 줄기 빛도 스미지 못하는 몸,
상부에 내건 조명을 끄면
어두워라 밤이고 낮이고 어두워라
(앞날이 훤히 보이게 어두워라!)
아 나는 날이 어두워져도
어두워지지 못하는 불면이로구나
몸 외부를 볼 수 있는 조명을 꺼야
몸 내부가 환해지는 나는,
어둠을 분실하면 코마에 빠지는 백야
지랄발광하는 오로라가 되어
어둠을 찾아 극지를 떠도는
유령…

4월

4월이다
달력에서 총소리가 들려 들춰보는,
4월이다
뽑아내고 뽑아내도 다시 자라난 기억들이 비를 맞는,
4월이다
수학여행에서 돌아오지 않는 아이들 이름이 편집되지 않는,
4월이다
시절을 환기하는 슬픔이 각자도생을 방생하는,
4월이다
끽연이 자주 봉화를 올리는,
4월이다
사월斜月이 "4월이 없는 곳에서 살고 싶다"고 뇌까리는
4월이다

화창한 참담

유럽대륙을 나치 문양으로 달려왔을 화차 하나,
녹슨 철길 위에서 저 홀로 우두커니 어둡다
이스라엘 국기를 몸에 두른 소년 소녀들이
그 화차에 차례로 장미꽃을 바치며 눈물을 흘린다
붉은 장미여, 너의 색조는 붉음인가 붉힘인가
부끄러움인가 분노인가!
눈물에는 방부제 성분이 있고
구름 한 점 없는 새파란 참담에는
세월이라는 악마가 건재해
기억에 없던 기억들이 행인들 머릿속에 박제된다
내 몸 세포들이 학살당하는 소름에도
웃는 얼굴로 사진을 찍는 관광객들,
저들 화창한 표정에 눈빛을 꺼트리려고
위령탑으로 발길을 돌려 눈을 감는다
좀체 눈을 뜨지 못하는 얼굴에 참담함이 드러났을까?
바람이 얼굴을 부드럽게 어루만져 눈을 뜨는데
당시 수용소에 사람들과 함께 수용됐던 백양나무가

막 푸른빛을 되찾아서, 바람이
황급히 무너진 화장터와 가스실을 들락거리는 아우슈비츠…
아, 산목숨들이 연기가 돼 사라진 땅에서
아지랑이들이 사염처럼 대가리를 쳐드는,
이곳의 밤은 이 행성 어딘가의 낮이다

ㄱㅣㅇㅓㄱㅎㅏㄹㅏ
―별이 된 아이들

2014년 4월 16일
오래전에 부끄러움으로 유배 보냈던 욕설을 복권시켰다
욕설이 자유의 몸이 된 그날부터
슬픔에 빠진 내 모국어는
용서니 사랑 같은 이타적인 말들과는 불가촉천민…
세월호가 가라앉은 자리에서
신분제가 부표처럼 다시 떠올랐다
노란 리본으로 신분을 노출해야 하는 사회,
자음資蔭들은 주어 없는 문법으로 신분제를 옹호했고
매스컴들은 문제의 핵심을 거세해 권력을 도안하기 바빴다
눈 뜨고도 눈이 먼 자들의 국가에 서식하는 카르텔
악어 이빨은 가졌으나 혀는 퇴화된 그 카르텔,
내 사랑도 때가 되면 밥을 먹고
잠을 자는 불감증으로 망각에 가담했다
모국어 중 ㄱㅣㅇㅓㄱㅎㅏㄹㅏ는 몇몇 초성들만

카르텔에 동조하지 않았다
아 음절 마디마디가 전부 분절된 저 단말마
단말마를 수신하면 눈이 감겨 진저리를 치는 것은,
눈을 감아야 선명해지는 자초지종도 있기 때문이다
잊지 말자고 눈을 감다가
불의不意의 사고에는 첨부해도
불의不義한 사건에는 첨부되지 않는 범례가 섬뜩해서,
번쩍 떠진 눈으로 올려다보는 밤하늘
어둠이 참혹할수록 더 또렷하게 도드라지는 점자들이
얼마나 손때를 탔는지
밤하늘 도처에 반질반질 빛나고 있다

늪

1
한 풍경이라도 사실은 근경이고 진실은 원경이다.

2
대중들은 윤곽만 보이는 원경보다 디테일한 근경에 우선 매료된다. 그러나 디테일은 약점마저 드러나게 만들어서, 악마는 디테일에 있는 것. 세월호 침몰을 두고 논객들이 TV에 나와 사실관계를 따지는 동안 광장은 깃발들로 채워졌다.

진실이 궁금해 부리나케 가보니 저 멀리 또 다른 원경이 보여서 진실에도 약점이 있나? 하는 의구심이 든다. 진실의 약점은 의문부호, 원경을 볼 때마다 궁금증이 가시지 않는 이유가 이래서였구나. 하지만 모든 의문은 공란, 맞든 틀리든 채워야 답을 구할 수 있어서 원경과 근경 사이에 광장이 존재했다.

광장이 깃발로 채워질 때, 깃발들은 의문에 대해 나름의 해답을 기치로 내건다. 다시 말하면 깃발에 부여된 당위當爲는 각각이 하나의 당위黨威여서 사실과 진실의 이격이 클수록 더 많은 깃발들이 광장을 분할했다.

3
세월호 참상을 두고 이념에 경도된 문장들이 각각의 신문 지면에 모여 집회를 연다. 목소리 폰트를 키운 활자가 전면에서 선동하면 동조하는 단어들이 빼곡히 지면을 채웠다. 누가 문장에 색깔을 입히고 이념을 주입시키는가. 신문 기사라도 문장은 과감해야 생동감이 있어서 형용사들은 근경을 지지했고, 부사는 이념에 감염된 문장들과 유착했다. 부사는 사실을 강조하는 품사, 정치적 수완이 뛰어나서 대중들을 쉽게 현혹시킨다.

4
사고도 고의성에 연루되면 사건이 돼 '오해'라는 수사

를 남발했다. 오해는 사실과 진실이 딴판일 수 있다는 의미망에 포섭된 단어, 말하자면 오해는 고의성과 연루되는 순간 늪으로 변해 사건의 이슈나 논점들을 수면 아래로 가라앉힌다. '오해의 소지가 있다'는 문장을 '실수가 있기는 하나 사실과 다르지 않다'로 치환할 수는 있지만, 오해와 실수의 상관관계는 근경과 원경처럼 하나의 풍경이라도 서로는 조우할 수 없을 만큼 멀다. 이 멂이 보여주는 원근법을 이용해 오해는 문제적 사건이 가라앉지 않으면 버금가는 사건을 돌출시킨다.

5

수장된 아이들 영정이 있는 추모광장을 찾아갔으나 시인은 형용사나 부사에 믿음이 없는 부류들… 시선이 영정 속 아이들 눈과 마주치자 원경에 가서 돌아올 생각을 않는다.

뇌수

오욕을 견디는 하루는
주먹 쥐길 거부하는 가운뎃손가락이어서
대지를 뚫고 솟구친 사과나무,
사과는 사과나무 등골을 빼 체중을 늘리며 붉어지고…
그녀는 빈곤해진 낯빛이 천만 근이나 홀쭉하다
사람이거나 사람 아닌 그 무엇도
가물면 마르고 마르면 행동이 느려지는 것은
고통에 대항하는 방식!
통증 줄어들 듯 느리게
밤과 낮의 비례가 전복되는 동안
손수 삼베 수의를 짓는 질문 사절로 명맥을 잇는,
그녀 모성은 죽음인들 기껍고
내 두려움은 일러두기 없이 편집이 돼도
포기라는 말을 배워서
포기하지 못하는 속수무책이
비바람 불면 사나워지는 뇌수*들을 깨운다

*우울하게 마음 졸임, 죄수, 뇌, 천둥과 같은 괴이한 소리를 내는 상상 속의 동물 등의 뜻이 있음.

저지대

소실점보다 먼 세상도 있어서
녹내장 앓던 남편이 팔을 그에 붙잡는다는…
그녀가 시선을 쳐들고 말했다
그거 알아요? 눈물이 나면 고갤 쳐드는 이유요
그리고는 한참을 말이 없다가
시선을 허공에 두면 소실점이 형성되지 않아서
눈물이 고이지 않더라고 덧붙였다
체념은 시선이 아주 사라지거나
가 닿지 못할 때 실감되는 거리여서
동공이 눈물에 잠기면,
시선이 코끝까지 다가서는 것이라고 믿기는 하지만
눈물이 고이는 곳은 상습침수지
그녀 눈자위를 붉게 오염시킨 눈물이
일행 모두의 안구에 전염됐다
고백하자면 이 아무개도 귀머거리가 되고서야 알았다
눈물은 어떤 상황에서도
시선보다 낮은 곳으로만 흐르고

소리는 수중에서 더 빨리 전달돼서,
눈물에 수몰된 속울음이
세상에서 가장 낮은 저지대라는 것을…

시간 여행자
—L에게

골판지로 만든 관이 지하도에 매장돼 있다
악취 풍기는 관 주변에는
순장조 소주병들이 입 벌린 채 쓰러져 누워
술 냄새를 풍기고 있었다
콘크리트고분 속 부장품들이 낯설지 않아서
서른 해 전 넋이 나가 울부짖던 너의 환영이 눈앞에서 아른댄다
처가 네가 모르는 사내를 따라 집을 나간 뒤
젖은 골판지처럼 삶이 급속히 와해됐던 너,
아직도 울부짖고 있는 모습에
이 밤 꿈에서라도 만나 연락처만이라도 받아두려고
고개 절레절레 흔들어 정신머릴 세척하다가,
그만 잠마저 하얗게 탈색되고 만다
네가 소식을 끊은 뒤 나도 겪은 바 있어 얼추 알게 됐다
실의에 빠지거나 의욕을 상실하면
왜들 그렇게 잠만 자려 드는 것인지를…
잠은, 춥고 허기지면 안락했던 과거로 떠나고,

등 따습고 배부르면 미래로 가는 타임머신이더구나
그러나 잠이 작동하지 않아서
시간여행을 다녀올 수 없을 때
타인의 잠이 시간의 통로를 통과하는 굉음이 들리면,
시간 여행자들은 외길인 시간 위에서
대책 없이 길을 잃는다

텍스트

먼나무가 얼개 골조 공사를 하고 있다. 그 나뭇가지 골조를 한 뼘 한 뼘 건너온 자벌레가 골조 끝에 다다라 허공을 더듬는다. 아무리 더듬어도 잡을 것이나 디딜 곳이 없는 허공을 건너기 위해 오체투지로 길을 가는 저 자벌레… 자벌레는 결국 고행 끝에 우화등선할 테지만, 혹시 먼나무는 자벌레들이 환골탈태하기 위해 생매장당함도 마다하지 않았다는 것을 알고 있던 게 아닐까? 바닥없는 세계에서 나비들이 조난당하지 않도록, 먼나무가 얼기설기 뻗어나가는 골조 끝마다 꽃을 피워 올린다. 꽃들이 그래서 지상에서 가장 먼 부위에 저마다의 모양과 색깔로 피는 거라면, 일일이 이 꽃 저 꽃 확인해가며 허공을 갈팡질팡 넘는 나비들의 비행은, 사회학 텍스트에 얼마나 부합되는 몸짓인가. 날개는 다 헤져 없어지고 날개 죽지뼈만 남은 우리네 삶은 말할 것도 없어서 꽃은 누구에게나 아름답고, 꽃들이 나부끼는 한 나비들은 갈지자 비행을 포기하지 않을 테고….

공감
—울음의 등고선

"내 아이들 엄마가 울고 있다"고 사회관계망에 자술서를 공개한 사내여, 읽다 보면 글씨체가 번지는 문장에는 등고선이 있습니다. 그렇습니다. 어떤 문장은 너무 가팔라서 한 문장을 오르는데도 호흡을 몇 번씩 가다듬어야 합니다. 눈물 끓어오르는 비등점이 낮을수록 문장이 가팔라지는 까닭은 희망이 한 번도 현재에는 도착한 적이 없기 때문이지만, 영원히 현재에 도착하지 않음으로써 영원불멸하는 희망은 내 눈물의 발원지… 어미의 열 손가락 등고선이 다 뭉그러져 내린 까닭도 희망이 이족보행으로는 오를 수 없는 벼랑이기 때문이었습니다. 그렇습니다. 어미들의 울음이 들리면 눈꺼풀이 국경을 폐쇄해 난민이 되는 게 사람이라도, 모성은 본디 생명이 생명다움을 보여주는 본보기. 사람으로 태어난 이상 우리는 어미의 벼랑울음마저 개간해 삶을 이어가야 합니다. 그렇더라도 울음은 눈물이 없으면 황무지가 되고 마는 천수답. 세상이 가물어 희망마저 기근이 들면, 사람은 또 오직 사람이라서 생판 모르는 남에 일일지라도 기우젯지내는 심정으로 십시일반 눈물을 보태게 됩니다.

옹이, 천년天年을 버티는 힘

고온다습한 아열대성 기후와
대륙성 찬 고기압이 충돌해 소용돌이치는,
나무의 내면을 보고 있다
그루터기에 남아 있는 소용돌이 중심은
소용돌이에 갇혀 고요했다
고요가 단단한 옹이가 될 때까지
 흔들리지 않으려고 있는 대로 몸에 힘주고 버티는 나무들…
 옹이가 나무들 사리임을 안 것은
저를 베려는 톱날을 부러뜨렸을 때였다
그런 나무들이 시방 짙푸르다
내면이 일기 불순에 시달리는 탓일 테다
이럴 때마다 사리가 생기는 나무들은
비바람 때문에 흔들리는 게 아니다
지난겨울 몸뚱이만 남은 나무들은
모진 삭풍에도 좀체 흔들릴 줄을 몰랐다
나무들은 나뭇잎을 버려야 심기 불편이 비로소 해소

된다
　낙엽송이 나뭇잎을 버릴 결심으로
　침엽수들 간 맺은 초록 동색 동맹을 깼을 때
　활엽수들은 환희로 온 산야를 뒤덮었고
　상록침엽수들만 잔뜩 독이 오른 모습이었다
　침엽수들 잎이 바늘이 된 데에는
　다 그럴만한 이유가 있는 것이지만,
　무성함의 무게를 내려놓아야만 중심 잡기가 용이한
　나무들 세계에서는 곧게 살아온 생보다
　굴곡진 삶을 산 몸에서 더 많은 사리가 나온다

노마드

내 시야를 절취선으로 횡단하는 기러기 떼,
저 오래된 여정이 노동을 증서證書해서
생활이 갱신되고…

내 시야를 추월선으로 종단하는 비오리 떼,
저 고된 여정이 통행을 담보해서
해가 뜨는 방향으로 흘러가는 뜬구름들

한 행렬 뒤에 다른 행렬들이 연이어 찍어대는,
말없음표를 따라 귀향하는 철새들…
다 떠난 먼 시선 어디쯤

마지막에 찍힌 마침표를 지우며
가물가물 소실되는
텃새 한 마리

생계生計

단언한다
산다는 게 좋을 일은 이제 오지 않는다
남은 생은 원치 않는 일만 남았을 게 분명하다
희망을 포기할 나이가 되어야 보이는 생의 미래…
생계라는 말에는 생에 대한 계획 같은 건 없고
그 자체가 잉여인 세월에 예속된 생에는 잉여가 없어서*
정년 지난 뒤의 일자리가 희망이라고 말할 수는 없다
그건 그야말로 그냥 생계다, 먹고사니즘이다
생은 또 계산대로 꾸려지는 법이 없어서
먹고사니즘이 비관주의를 계승하는 아침은,
언제나 그렇듯 통상적이구나
오늘도 아깝고 아까운 건
시간밖에 없는데…

*동 시집 「명암」 중.

콤플렉스

죽여버릴 거야 뇌까리며 응시하는
시선을 따라 석양으로 쏘아져 가는 새 떼
번번이 빗나가는 분노로 천지간이
열을 발산하는 색채로 착색되면

절대적 권위와 인정머리 없는 냉정이 교합해 밤이 오고,
어떤 대상을 향해 가차 없이 난사하고픈 요의로
빛을 등지기만 하면 나를 막아서는 그림자를 향해
한바탕 빗발침을 퍼붓다가
올려다보는 밤하늘…

저쪽 세계를 생각해 볼 겨를이 없게 빗나가
으스스 빛나는 밤하늘 탄착점들처럼
살의는 두려움을 빛나게 해 실패가 결론이지만,
아버지도 살육 대상이 되는 세계에서
분노는 삶을 지탱시키는 기축 이념이다

동백

의지는 두려움일 때부터 붉디붉어
꽃잎으로 흩날리지 않고 꽃인 채로
불모의 계절을 하직하는 알몸들…
붉음이 붉힘에서 비롯됐음을 체험해 속살까지 붉어졌을
저 몸뚱어리들…
붉음이 상시적인 목숨들은
선택의 순간마다
자기검열과 불심검문 사이로 강제 이주당한다
불심검문과 자기검열 사이는 기도의 영역,
그러나 바닥이 없는 세계는
지상과 맞붙은 높이도 사방이 다 낭떠러지여서
두려움조차 직하直下로 맞서는,
저 생의 견결함을 보아라
사람아

東海

태백 탄광촌 지나 삼척 가는 길,
시선 꾹꾹 눌러 모 시인이 쓴 「東海」* 연작시 풍경을
망막에 필사하다가…
시선 차단당한 밤!
탄광 막장 같은 밤바다에 생매장당한 불빛 몇,
몸이 떨리는지 가물거렸습니다
위태로워 보이는 그 불빛이
집어등인 줄 모르고 몰려드는 어둠을
마침 등대 불빛이 저인망으로 훑고 있었는데
난데없이 불빛에 갇힌 파도들이
해수면 박차는 게 보였기 때문일까요?
가진 게 없는 계절,
가진 게 없어서 얼어붙은 체온으로
바다와 육지의 접경지를 배회하던 계절이
숙소까지 따라 들어와
자리끼 안에 자리를 잡았던 모양입니다
동침하던 새벽 사후세계 온 듯 몸이 얼어붙어서

자리끼에 모습 드러낸 그 계절을 쫓아내려고
힘껏 젓가락으로 찔러가며 윽박질렀지만,
그러거나 말거나 절대 주발을 놓지 않는
그 계절의 광광恇恇함에
아무렇게나 살았던 지난날들이 소환돼
자서전이나 참회록은 실명제임을
몇 번이고 학습시키는 것이었습니다

* 장영수 시집 『메이비』 중.

자화상 4
— 형벌

어둠이 모든 길을 차단해
냉담이 차가운 손으로 내 이마를 짚네
밤으로 뻗어나가는 생각은 위험해
수위를 낮춘 한숨과 수위 높아진 열망이 교차해 지나가고,
내 스스로 말은 하지 않을 수 있어도
듣는 것은 내 맘대로 할 수 없어서
내 몸에 빙의해 날 희롱하는 희로애락들은
이승 떠날 생각을 않고,
내 스스로 보지 않을 수는 있어도
악취를 맡지 않을 재간은 없어서
평생 나를 감시해온 죄책감이 코를 쥐어 싸면,
불안이 이 나이 되도록 감춰온 다중인격을 드러내네
어둠이 모든 길을 차단해
냉담이 차가운 손을 내 이마에 얹네
모든 색깔을 포용하는 색은 하양이 아니라
깜장이라는 것을 결코 잊은 적 없지만,

빔으로 뻗어나가는 생각은 위험해
불화하는 생애가 하리가망으로 떠도는 어둠을
이제 더는 노래하지 않으려네

제3부

자화상 3
―불감지대不堪地帶

한기가 드는 외로움의 높이
숨이 쉬어지지 않는 막막함의 고도
지은 죄 없이 소름만 무성한
무원고립은 내 죄의 은거지,

그곳은 바람마저 항행을 포기한 무간지옥

이성理性도 숨이 차 작동이 느려지고
키 낮은 악감정들만 자생하는 불감지대

억장이 설핏만 거려도
냉소가 비등점을 넘는 그곳은
내 독기의 발원지… 이로써
나를 살아있게 하는

질문

상실감이 내 몸에 기생해서
떠나야 할 때를 모르는 외로움처럼

당신이라는 호칭은,

숱한 의문들이 포자로 떠도는 거리에
뿌리를 내린 기다림의 다른 이름

누구도 거절할 수 없는 당신에게
우리는 언제나 거두절미하고 묻는다

안녕하시냐고,

선무당

너는 물고기를 해체하며
맛있는 식사를 하는 중이라고 대답한다

앙상하다는 것은 잔해가 된다는 예고여서
해지도록 오래 쓴 옆구릴 바느질하는 통증,

아플 땐 침묵도 잠을 자야 한다고
나는 종종 이룰 수 없는 생각에 빠지고

그런 생각들은 찰나에서 확신이 튀어나오는 때를 노려
죄로 버린 칼날 위를 맨발로 올라선다

침묵이 고양이 눈빛을 하고
작두를 타는 이 시간은 반복되지 않는다

가져간다는 것과 두고 간다는 것의
차이가 못내 궁금할 뿐

달맞이꽃

연고 없는 기억은 없어서
밤에 피어나는 누이는 달의 자손
찬바람이 어찌어찌 용주골까지 흘러든,
가녀린 비명의 가족관계부를 뒤적거리면
달은 지평선이 곡선으로 환원하는 두려움에
곪을 대로 곪은 쓸개가 휘영청 터지고,
달빛에 감염돼 얼굴 노오랗게 뜬 누이가
스쳐 지나가는 바람들을 붙잡고
비명의 연고지를 수소문할 때
사유의 세계를 행려병자로 떠도는
'조금'이라는 안타까운 말이
말없이 다가와 누이를 바라보네

명암

그게 어떤 병이든 병은
죽으면 낫기 마련이라서,
더 이상 생각에 감염돼
시름시름 앓을 일도 없고
순환하는 계절을 따라 음지도 힘겹고
양지도 힘겨운, 나이도 온다
그리움에는 폭설로도 가릴 수 없는 원근의 골격과
비에 씻기면 선명해지는 채도의 심금이 있어서
양달에서도 몸서리치는 나이가 되면
우리를 지탱해온 끈기도 목적어를 상실하고…
생각이 멸균된 감정들이
경련을 일으키는 그때쯤 알게 되겠지
가없는 세월은 그 자체가 잉여이나
세월을 쫓아가는 삶에는 잉여가 없어서
누구에게나 봄은 멀고,
망각을 확장시키는 겨울이 다가서면
사심 없어 보이는 가을마저

암회색으로 어두워지는 이유를

여우비

한숨은 늘 허기져 해
담배 연기로 도넛을 빚어 햇살에 굽는데
상식常識 밖에서 빗줄기가 쏟아진다
오늘따라 날씨가 너무 나대서
그늘을 사육 중인 느티나무에게 신세 좀 졌다가
느티나무도 나도 쫄딱 젖어버린,
몰상식은 예의를 모르고…
여우비나 쫓아다니는 무지개의
파란만장한 빛깔은 허무맹랑해
빗줄기에 몸이 친친 감기는 그저 그런 목숨,
딱히 아까울 것도 없는 삿된 목숨 하나 부지해보려고
내 한숨은 고난의 수제자답게
상식으로 규정된 억압들을 기억하면서부터
생뚱맞음이 일취월장했다

코타르 증후군

마침내로 수렴되는 인내는 절망하기보다 어려워서
5월에 피어난 모란꽃은 5월에 시들고,

어떤 소리들은 내가 낸 소리가 아닌데도
내 행동의 결정권을 가진다

소리와 결별한 후 주체성을 되찾은 것은 불행이었으나
자기검열도 불행을 두려워해 안부 인사가 간결해졌다

살아 있는 것들만이 존중받는 세계에서
살아 있어야 하는 고통은 대답이 필요 없는 질문

늙는 데는 마음을 소모해야 해서,
관계가 궁핍해져 약육강식 절차도 대폭 생략됐다

사망원인을 '죽은 듯이 살아서'로 확정하려고
나는 대답이 필요 없는 질문에만 대답을 하며 살아왔다

구름

밤이 득세하는 계절과
낮이 기고만장하는 계절은 한통속이라서
뽀송뽀송함을 모르는 우울과
비의 내막을 모르는 상쾌함이 한통속으로 굴 때,

헛것들은 모서리가 없어
구름 위 도덕성과
구름 아래 사생활도 두리뭉실하다

비박하는 침낭 속인 듯
습기에 포섭된 오싹한 포근함과
상징들의 공동묘지인 울적함,

별개인 이 두 극성이 함께
최고조에 이르는 계절에
비가 오지 않는 세계로의 도약,
또는 비가 오는 세상으로의 진입에

〉
전지적으로 참견하는 구름은
우리들이 편애하는 번제물이며
상징들의 궁극

가면

기분이 형용모순에 빠지면
상대 감정을 탐색하라는 시그널

가지치기를 하지 않은 당신 감정은 오싹하지만
가지치기를 한 감정에서는 명랑한 비음이 새어 나와서
비트 섞인 당신 숨소리가
내 웃음에 배경음으로 깔린다

서로가 서로의 동공을 통과해야
서로에게 환생하는 감정은, 믿을만한가?

물음표로 구부러지는 당신 울음이
검은 동공이 천천히 클로즈업되는 우주공간을 떠돌면
나는 중간에 찢어냈을 당신 감정을 읽어내려고
오래된 툇마루처럼 검은 윤기가 나는 혓바닥으로
당신을 사로잡은 침묵의 갈기를 핥아댄다

내 웃음은 당신 감정의 집사
사육당할 때는 알아도 모르는 척하는 게 미덕이라고 배워서
애완으로 사육한 감탄사가
앙다문 잇바디 힘으로 내 심장을 파고들면,

당신과 나 사이
맥박 빨라지는 결투가 펼쳐져
녹색 오로라와 보라색 안개가 뒤섞인다

문장부호

수구초심이 피안인가요?
놀라자빠진 문장 옆에서 느낌표가
물구나무를 선 채로 잠을 자네요
피가 머리로 몰리는 자세로 느낌표가 잠을 자는 까닭은
예측된 행동일 수도 돌발행동일 수도 있지만,
사실 저 자세는 아무나 흉내 낼 수 있는 게 아니죠
그런가 하면 어떤 문장부호는 주술을 부려요
그 주술에 걸리면 한참 주절주절대던 문장도
말문이 콱 막히죠
주로 격한 감정에 사로잡히거나
변명이나 핑계를 대는 문장이 주술에 잘 걸려요
제 시들도 그런 부류죠
물음표는 비위 좋은 호객꾼이고
되새김질을 하는 따옴표는
망각을 부활시키는 별난 재주가 있어서
잔인한 자신에 대해 안도하죠
표절이 따옴표에게 포획되는 걸

극구로 꺼리는 이유가 이 때문일지도 몰라요
한편 안도감은 죽음의 유일한 명징이라서,
쉼표는 죽은 자들에게 예를 갖춰 살아있음을 과시하는 미래의 주검들에게
시간과 싸우는 처세술을 가르쳐요
우리가 여기가 아닌 어디로 옮겨갈 때
시간은 축지법을 쓰거든요
다만 시詩가 마침표를 꺼리는 이유는
저도 모르는 세계의 함의,
누구 아시는 분 귓속말 문장부호로
넌지시 제게 알려주실 수 있나요?
시를 쓸 때마다 머리털이 곤두서고
오금이 저리다 못해 손발이 덜덜 떨리게…

번외

동묘 뒤 헌책방엘 가면
발행가는 상관없이, 누구 시집인지는 더더욱 상관없이
표지에 '문학과 지성'이라는 활자가 찍혀 있으면 이천 원
그 외 시집은 천 원이 정가다
어떤 시집이건 가격 결정권은 책방 주인에게 있는데
권장 말에 따르면 천 원의 프리미엄은
문학과 지성의 상관관계에 매겨진 값어치가 아니다
무게로 사들이는 책들 중 이천 원짜리 시집은
가뭄에 콩 나듯 발견돼 솎아주는 수고비란다
'솎아주는'이 '속아주는'으로 들려서일까?
차별된 책값에서 문학과 지성조차도
수요와 공급에 따라 가치를 매기는
자본주의의 불온성이 황당했는데,
문학과 지성을 함께 거론하면 사람들이 조사 '과'를
등호等號로 받아드린다는 걸 모를 리 없는 출판사가
의도적으로 문학과 지성이라는 제호를
표지에 노출 시켰을 거라는 불온한 상상을 하면서…

불온시 논쟁을 촉발시킨 작고한 시인의 시집
『○○○ 뿌리』를 집어 들고 천 원짜리 지폐를 내밀었더니
파지 값이 올랐다며 모든 시집이
이천 원 균일가가 돼 있었다

우화寓話

생매장을 견뎌낸 나비들은
사람 나이 스무 살쯤이 신생아이고
꽃들은 한창일 때가 혼인 적령기여서
역모는 자유의 천성…

나비들 제 갈 길로 다 가고 나면
무채색 계절이 도래하는 건
식물들 헌법에는 없는 조문일지라도
풍자와 달리 교훈은 표정이 시큰둥하고,

나이 지천명은 속수무책이라서
우화羽化를 기다리는 하품이
시간을 조율하는 외로움은
서사가 분실한 서정,
고독은 실어증의 서사

여백

글자들이 층층이 밀려 정체 중인 누구 시집,
(간격이 벌어져 있어도 끼어드는 글자는 없다)
더디게 읽혀지는 시어들을 일일이 살펴 가며
역주행하던 내 시선이
가다 서다를 반복하다 멈춘 지점에서,
느닷없이 오리무중이 실종돼
심장이 내려앉는 당혹감

상황 파악이 안 될 때
벼랑 끝까지 가서 시선을 멀리 던져야 펼쳐지는
단차가 없는 그 조망도

난공불락

사람은 귓바퀴에 물음표가 생기다 말아서
한번 말문이 터지면 궁금증을 못 참고

말문 터진 뒤 입 닫친 적 없는 이명 때문에
질문이라면 손사래부터 치는 나는,

끝없이 공방전을 벌여도 수평선을 함락 못 해
게거품 물고 되돌아오는 파도들 아우성이

폐쇄된 내 달팽이관에 상주한 뒤로,
내 귀는 소라껍질, 파도 소리가 그리워*

소라게라도 된 양
물음표처럼 생긴 인공와우로 귓바퀴를 감싼 채

폐문한 수평선을 말문 닫고 바라보다가
시선도 가만히 닫아거는 거지요

*장콕도 「내 귀는 소라껍질」 중.

금과 옥조玉條

금이 전이 되는 병을 앓고 있다
오늘은 손바닥 감정선이 목소리로 전이됐다
생명선과 운명선이 당신 얼굴로 전이돼 입관을 하는데
금들이 봉쇄된 표정에서 포르말린 냄새가 난다
글에 봉인하면 휘발되지 않는 대화를 나누려고
당신에게 편지를 쓰던 날들이 한쪽에서
우두커니 일몰을 기다렸지만,
금은 또 틈이라서 시원섭섭했을까?
망자가 된 당신 표정이 헐거워 보였다
침묵이 불통을 소통하는 방식이듯이
화구火口를 통해 불타오르는 당신을 지켜본다
비명조차 들리지 않는다
불길이 연 웜홀worm hole을 통해 당신은 시방
당신 몸에 봉인했던 금과 틈의 봉인을 해제하고
시공간을 이동 중이다
이승의 시간에 비하면
이동하는 시간은 찰나에 지나지 않아서,

목소리에 전이된 감정선을 꾸역꾸역 울음으로 메꾸다가
그 울음에 침묵의 별칭인 순간 삭제가 더빙된다
침묵은 틈이 없는 세계,
목소리에도 전이되는 금이 전이되지 않는
유일한 세계이다

일몰

누구나의 불면이 누구에게나 생생해서,
집으로 가는 방향을 알아내려고 동공을 열고
허공을 빙글빙글 배회하던 실화實話는
소름이 끼치는 계절이다

추운 쪽으로 가팔라지는 나무들의 등고선을 타고
저녁이 나무등성이를 넘어올 때
나무들 몸에서 일제히 몸을 빼는 나뭇가지들을
어루만지며 따라오는 바람처럼,

마침맞게 석양이 붉은 직설直說로
내 몸을 물들여
당황한 속마음이 척박한 고도에서부터
어둑해지기 시작했다

꿈

생생해서 아득한,
시간을
순례하는 길목에서
너무 붉어서 푸르게 내비치는 핏줄을 타고
화들짝 곤두서는,
진품보다 더 진품 같은
복제품

새

*

태어나는 즉시 조로하는 애늙은이들의 토템

*

가느다란 두 기둥 위에 구축된 풍만한 세계의 표본,
그러나 태풍과 지진에도 절대 무너지지 않아서
물리학에 위배되는 역학 방정식

*

절대 뒷걸음질 치는 법이 없어서
지상에선 진행 방향을 반대로 표시하며 나아가지만,
지상을 떠나면 온몸이 진행 방향 표식이 되어 나는 긍정의 아이콘

*

날아오르려는 것들은 중력을 역행할 수 있는 도모悼毳들,

그러나 공중에 뜬 것들은 예외 없이 지상에 도착해서
앞으로 나아갈수록 가야 할 방향에서 멀어지던
애늙은이는 늙어서도 새들을 염탐한다

제4부

백일몽

*

세상을 둘로 나누는 가로 선 하나
아무도 넘은 적 없는 그 경계선은
우리들 심안이 허공에 긋는 밑줄,
물론 세로 선은 누구도 앞지를 수 없어서
세상 어떤 길도 앞질러 가볼 재간이 없었고

*

단계적 신분 상승조차
가로와 세로, 좌와 우의 야합이라며 불신하는 평등심은
내 변명의 장자,
그 밑으로 평판 같은 동렬의 돌림자로
항렬과는 무관한 평생이 사무치고

*

모든 혁명은 비관주의가 모태여서
아무도 밑줄을 긋지 않는 알량한 내 혁명은

백주대낮에게 들킨 낮달처럼 창백함을 감추지 못하네
마치 불심검문이 선택사항이 아니라서
자기검열이 선택사항이 됐을 때처럼

*

들킴의 색채가 붉은 것은
붉음이 색채의 알몸이기 때문일까?
얼굴 붉어질 때마다 내 주민등록 뒷자리 숫자가
앞자리 숫자와 뒤엉키는 신음으로
자기검열은 양다리를 걸쳐야 잠이 오고

*

평등이 꿈꾸는 다수결은 주위결핍장애가 있어서,
실패가 예정된 내 혁명이 오늘도
가로와 세로가 구분 안 되는 초서체로
치부책에 흘려 쓰는 비몽사몽

불면

모두가 잠을 구걸하는 시대에
체온 없는 그림자가 나를 덮고 뒤척이네

창밖에는 불면에 시달리는 가로등이
발열하는 얼굴을 떨군 채
바람이 가문비나무에게 입김 불어 넣는
귀엣말을 엿듣고 있네

현명한 자일수록 신이 필요한데도*
시간에는 이정표가 없어서
바람이 아주 오래전에 그림자를 분실했다는 것과
시간에는 또 갈랫길도 없어서
전생에서 낙오한 자들이 모여드는 이승에선,
사생결단에 지면 누구나 체온을 뺏겨
세상을 춥게 느낀다는 이야기였네

모두가 잠을 구걸하는 시대에

오늘도 체온 없는 그림자를 깔고 누워
그림자가 없어 죽지 못하는,
바람이 잠들길 기다리네

*피마족 인디언들의 속담.

노안

혈기가 방을 뺀 안구에
세월이 노안을 들였다

내가 가까이 다가가기만 하면
모습을 흐리는 사물들을 보라고

그들이 작고 미미하다고
대수롭지 않게 여겼다가는 큰코다친다고

이제부터라도 가차운 주변 것들을 살펴 살려면
먼 곳부터 자주 바라보라고

눈에 보이는 게
다가 아니라고…

폐가

그게 무엇이든
노령의 나잇살에서는 뼈 삭는
두텁고 딱딱한 누린내가 나고,

죽음이 가깝게 다가설 때 나는
역겨운 냄새는 피 맛을 안다

때에 이르면
목숨도 허드레가 돼서

관성

휴대폰 자지러지는 급보에
시선이 먹먹해 달리는 KTX 창밖을 내다보는 중이다
저 멀리 여객기는 제자리에 멈춘 듯 떠 있는데
차창을 스치고 지나가는 풍경이 일제히 분해된다
속도가 분별을 잃어 시선을 탈선시킨 탓이다
초조함이 채근하는 몸은
열차 의자에 붙박여 어쩔 줄 몰라 하는데도
열차는 아랑곳없이 다른 공간으로 계속 이동을 했다
목숨에는 시간을 제어하는 제동장치가 없기 때문일까
속도가 공간을 이동하는 시간은
시선이 탈선될 만큼 빠르건만
시간이 공간을 이동하는 속도는 마냥 더디기만 하다
고인이 몸은 제자리에 두고
넋만 불시에 시공간을 이동하는 바람에
상주들 시선이 탈선을 했지만,
기억에는 시간을 멈추는 제동장치가 있어서
문상 길 오가는 내내

바람이 내달리는 속도에 저항해 관성을 거슬러 간다
바람이 몸을 거슬러 불면
점점 가빠지는 심호흡… 살아있어서

풍토병 1
— 무신론無信論

그러니까 타인들은 인지해도
자신만은 인지하지 못 하는 일이 일어나서 세상인 거죠
가령 기도가 활짝 열린 채로
숨이 아주 막혀버리는 결말 같은 거요
납득하기 힘든 이 터무니에
아버지 얼굴이 퍼렇게 질려서 경직되시던 걸
어머니도 보셨잖아요?
아버지 가신 후 어머니가 남편 삼은 종교가
죽음을 온전히 기능케 하는 안도감에 대해
누누이 설명을 해줘도
안하무인은 화타化他도 치료하기 힘든 난치병이고,
그만 살고 싶다는 어머니 소망은
죽음이 소비되지 않는 세계에서만 유통될 뿐이에요
이제 받아드리셔야 해요 어머니,
무신론이 존재하지 않는다면
어떤 종교도 세상에 존재할 수 없었다는 걸요
보세요 죽고 싶다는 실언들이

임사체험을 확증편향 할 때마다
제 전두엽은 영생이나 윤회보다
불합리해 보이는 저 결말에 더 매혹을 느껴요
누구에게나 편견이 없는 무신론은,
신이 태어나기 이전부터
사람들이 신앙해온 종교였어요

풍토병 2
―후회

후회에 빠지는 스타일은
물이 엎질러졌을 때 드러나죠
이미 엎질러진 물이라고 느긋하다면
그는 필시 후회에 집착하는 유형,
가령 후회가 개표 전에 투표소에 나타났다면
'도덕적으로 완벽하다'는 누구의 자화자찬이
개밥그릇에 굴러다닐 일은 없었을 거예요
필요한 시점에는 정작 코빼기도 보이지 않는 후회…
당신은 의심의 여지 없이 믿는지 모르겠지만
뒷북이나 치는 반성이 뒷배를 봐줘서
후회가 늑장을 부리는 거라면,
반복되는 역사적 오류는
빌어먹을 반성을 규범 삼은 탓이에요
그 바람에 도덕과는 거리가 먼
상부상조니 유유상종 같은 사자성어가
바퀴벌레보다 생명력이 길어졌다 해도,
자화자찬은 목적어가 아니라

주어에 부역하는 어릿광대일 뿐이고
산다는 건 결코 자동사가 아니라 엄정한 타동사*여서
내가 나도 믿을 수 없는 세상인데
하물며?

*공지영 「길」 중.

풍토병 3
―미로迷路

아버지 기일, 몸의 조명을 끄고
'하늘에 계신 우리 아버지'를 찾는 중에
쾅, 바람결에 방문 닫히는 소리
뒤통수 얼얼해지는 그 소리에
누이가 화들짝 놀라
기도하다 말고 엄마야 소릴 내지른다
예삿일도 하나님부터 찾는 누이가
엄마를 찾는 저 다급함은,
실존에 대한 문제일까 자신도 엄마여서일까
아니면 위로危路를 지나와야
위로慰勞에 도달하는 신앙심의 지난함인가?
몸의 조명을 끄면 펼쳐지는 미로…
우리가 자발적으로 몸의 조명을 끌 때는
기도가 필요하거나 삶에 심호흡이 필요할 때
햇빛과 바람이 새삼스러울 때
미로 속에서 길을 잃고 헤맬 때와
죽음에게 귀의하고 싶을 때지만

몸의 조명을 끄지 않아도
간담 서늘해지는 순간들이 있어서,
누이가 부지불식 속마음을 들키던 그때
내가 나도 모르게 안도의 한숨을 내쉰 것은
내 죄의 대속자가 누구인지를
가늠해보게 된 다행 때문이리

풍토병 4
—수컷의 형식

지 에미 애비도 잡아먹을 놈…
모국어에게 대가리부터 씹어 먹혀서
발버둥 치는데 뜬금없이 교미 끝낸 사마귀 수컷이 떠올라
필요 이상으로 필사적이 된다
욕설은 유아기 감정들의 이유식,
어쩐지 분노가 소싯적부터 과잉 성장하더라만 건강은 해서
아무리 생각해봐도 슬하를 만드는 대가로
목숨을 잃는 것은 비극이 아니다
무모함도 아니다 엄중함이다
다만 종족 보존을 위해서라면
암컷의 무자비도 수용하는 것이 사내자식들 전통일지라도,
엄중함이 내세우는 비장미는 유치해
에미 애비를 들먹이는 욕은
폭력 전과도 훈장으로 둔갑시킨다

풍토병 5
―의심

의심도 믿을 수 있는 확신을 찾아
오후 한 시에 비행기를 타고
일몰의 숙소가 있는 방향으로 날아와
오후 한 시에 도착했다
오후 한 시에 열두 시간 동안 머물러 있는 중에도
시간은 멈추지 않고 지나가서
의심은 제 할 일을 하지 않았고,
나르시시즘에 사로잡혀 있는 오후 한 시의
길머리에는 신전이 있었다
잡아먹힘은 내부로 들어가는 방식,
그러나 잡아먹힌 것들은 사생결단에 진 것들이어서
신전은 클수록 내부가 더 어둡고
믿음은 클수록 외부가 더 어두워라
세비야대성당이 인간에 의해 신이 추방된 모스크였었다는
가이드 설명에 의심도 의심 없이 감탄을 자아냈지만,
믿음을 거부하는 무신론無信論은 위험해

의심을 스토킹하는 내 질문이
어둠 위에 금박을 덧칠한 신전 내부에서
또 한 번 의심의 행방을 놓치고 만다

풍토병 6
―표절

〈텍스트 1〉
아주 쉽다는,
쉽사리*는 잎 갈피 사이에 초록 동색 꽃을 피워서
오래 들춰봐야 찾을 수 있다

그놈이 그놈 같은
망초와 쑥부쟁이는 색깔마저 동색,
자세히 살펴봐야 구별할 수 있다

너도 그렇다**

〈텍스트 2〉
빛은 입체를 평면으로 표절해요
다르게 말하면 빛은 3차원의 세계는 이해를 못 해
2차원적으로 표절을 하는 겁니다
당신, 차원이 다른 해석은 표절이 아니라고 항변하지 마세요

그림자를 보면 누구나
그 그림자의 입체적 형상을 떠올리는 법이고,
꿰뚫어 보지 못하는 이면은 누구도 알 도리가 없어서
빛조차도 표절을 하면 표절한 부분이
한통속으로 검어지는 겁니다

〈텍스트 3〉
자신이 표절을 하지 않으면
존재를 증명할 길이 없는 그림자를 위해 빛은
표절할 때 본모습과는 다르게
그림자를 늘리거나 줄이거나 찌그러트리거나
여러 모양을 하나로 짜깁기하기도 하지만
빛이 무슨 짓을 하더라도,
그림자는 어떤 그림자도
주체적으로 행동을 하지는 못합니다

* 습지에서 자라는 다년생 풀 이름.
**나태주 「풀꽃에서」 인용.

돌멩이
―너와 나에게

먼지와 책이 찰떡궁합으로 붙어먹어서
상심이 조율되지 않는 건 아니었어요 어머니
울림통을 빠져나오는 통기타 소리처럼
누구나 상쾌하게 죄를 짓는 낙원동에서는 지금도
삼천 원에 상심을 보태 지불하면 봉두난발이 단정해지지만,
돌멩이들은 머리를 배코로 미는 불문율이 있어
능수버들이 멋들어진 시절은 지나갔죠
어머니, 어머니가 아닌 어머니를 어머니라 부르는
그 많은 자식들이
풍기문란으로 경찰서 유치장을 들락거린 건
죄를 업신여겨서가 아니에요
돌멩이로 살아야 했던 기억이 감금된 탓이죠
미니스커트를 입은 애인이 유치장에 감금되면
마음이 폭폭해서 하룻밤 지샌 유치장에선
청자 담배 한 개비가 무려 삼백 원에 거래됐죠
청자 담배 두 갑 값 주고 사 피우는 한 개비 담배로

상심을 조율하는 외로움은 뜨거워요 어머니
유치장서 경험을 재산으로 만드는 과목을 학습한 덕에
잘 꼬불쳐 둔 청자 담배 한 갑을
즉결심판 벌금으로 때우고 나오면,
없는 죄조차 존엄성을 잃어서
입바른 훈계는 상심의 범주를 벗어난 꼰대들 권위…
그래요 돌멩이들 세상에는 때깔 고운 계절도 없고
아무 발에 아무렇게나 차이는 구박덩어리들 뿐이지만,
또래들이 최루탄 가스에 눈물을 흘리면
짱돌이 돼 누구보다 먼저 시대에 뛰어들곤 했어요
제 자식이 당시 어머니 자식보다 나이가 많은데도
아직도 못 미더워 애간장을 태우시는 어머니,
이제 솔직히 말씀드릴게요
돌멩이들끼리 어깨싸움하며 지내던 다리 밑은 춥지 않았어요
  성난 기차가 침 칙칙 내뱉으며
  청파동 굴다리 위로 지나갈 때마다

세상에 맞서 오도독오도독 손가락 꺾어대던,
그 시절은 정말 지낼 만했어요
다리 밑은 주워갈만한 돌멩이들이 많았거든요

인연
―소녀

주검을 만지던 손도
죽음은 붙잡지 못해서,
심호흡을 산소호흡기로 달고 살아온 세월
찬물에 손등만 적셔도 숨이 차오르는 한숨과
나이를 먹어도 통증이 줄지 않는 비탄으로
늙기도 전에 늙어버린 생의 저주를…
이제는 거부하지 말아야지
차라리 죽음이라도 달콤해지게
사랑하는 척이라도 해야지…
예순 넘은 소녀의 이마에서 생기가 말라버린
쓸쓸함도 잊지 말아야지
낡아서 창백해진 말투와
손가락 마디마디로 불거져 나온 푸념은
죽어서도 기억해야지
스물도 안 된 앳된 소녀가 오랜 세월
자신의 몸에 화석으로 남긴 사랑의 연대기는
자식 대대로 건사하라고 유언해야지

소녀들은 저 먼 우주 어디선가
저마다 데굴데굴 굴러와 뱅글뱅글 돌고 있는
팬지꽃보다 작은 영토,
뿔 없는 슬픔으로 성곽을 두른 소녀들 성채에는
늙고 싶어도 늙지 못하는 소년들이 수형을 살아서,
내 시선의 가시거리를
소리 없이 벗어나는
멧비둘기 한 쌍

일그러짐에 대하여

열여덟인가 열아홉 살 때
심장이 폭삭 주저앉은 적이 있지
오금이 꺾이고 정신의 뼈대가 탈골되는 치명상을 입었지만
어차피 어른이 되어서는 모두가 고아*가 돼서
이별은 고아가 되는 통과의례였을 뿐…
단 한 번 치른 통과의례에도
야밤에 파르르 떠는 달빛은
외로움이 내지르는 막다른 옥타브
숨이 막히는 그 음계에 달은,
태아로 퇴보하려는 지독함의 자세로 저 홀로 차오르고
외로움은 생겨나는 족족 의문부호에 착상했지
외로움은 부모 없이 태어난 고아
외로움은 일그러지는 것들의 전유물
외로움은 어둠에 벼려낸 만월彎月로
우리들 갈비뼈에 아로새긴 청취 불가 음표이지
심장이 아플 때마다 이별이 찾아오네

찾아와서는 청취 불가 음표를 들려주며
내가 생겨나기도 전에 빛났으나
아직 이 행성에 도착하지 않은 별빛을 기다리네
고아가 아니었을 때도 사라지기 직전의 별이
가장 밝게 빛난다는 것은 알고 있었지만
첫 키스는 항생제도 듣지 않아서
어른이 되어서도
고아가 된 느낌만은
어른이 되지 못하고…

* 장영수 「메이비」 중

상실감이 도착하는 계절

열 뜬 기온에 시달리다가 으슬으슬 오한 든 계절을
냉정하게 바라보는 중이다
잎마름 전염병이 퍼진 산야는 온통 객혈 자국으로 물들고,
체온 식어가는 자신에 놀란 듯 한바탕 큰바람이 분다
지레 겁먹은 한숨이
내 몸속으로 대피하는 작은 들숨들을 사정없이 내동댕이쳐도
살면서 호흡에 무심했던 건
바람에 휩쓸려 부유하는 내 영혼이 하찮아 보였던 탓
풍경이 마르면 자신도 마르는 바람은 신경 곤두서
점점 싸늘해지고
대지에 압정 박힌 무덤들도 녹이 슬어
짜임새 있던 풍경의 구도도 느슨해지는데,
젠장 상실감은 왜 혈색 좋던 계절의 안색을 잿빛으로 만들어
이 야심한 밤에 풀벌레들이 급보를 타전하게 하는가

11월은 상실감이 천지신명들에게 보낸 부고장,
하늘은 급보를 전해 들은 듯했다

천형 天刑

무슨 낌새조차 없다가 느닷없이 발병하다니
시대와 상관없는 유행병이라니
숨 가빠오고 얼굴 화끈거리는 돌림병이
저잣거리에 창궐하는 걸 깜박하다니!
성별 불문 나이 불문 혼인 불문
아아 귀천 불문이라니

연애涓埃만 남겨놓고
연애煙靄가 되어 여릿여릿 흩날려 사라지는
연애戀愛…

눈썹마저 지운 그믐과의
오롯했던 그 산책

저미다

무미건조한 날은 그리움을 부검하기 좋은 날,
부검 결과 그리움은 예상대로 구름으로 직조됐고
해부학에서는 논의되지 않는 장르이며
신축성과 경직성을 동시에 앓았던 것으로 추정됐다

그리움이 실종됐는데도 우산이 팔리지 않아서
일출과 일몰 사이에서 버둥대는 생각이 서럽고
일몰과 일출 사이의 채도는 습도가 높아
어떤 생각들은 요약되길 거부했다

요약되지 않는 생각 28쪽과 29쪽 사이에
그리움의 부검표를 은닉하다가,
울컥 한 움큼 몸속 어둠을
몸 밖으로 쏟아내고 만다

해설

시적 전환을 통해 열리는 또 다른 세상

김동원(문학평론가)

1

시를 읽는다는 것은 어떤 행위인가. 최용훈의 두 번째 시집 『풍수원』에 실린 시 가운데서 그에 대한 실마리를 얻을 수 있다.

> 태백 탄광촌 지나 삼척 가는 길,
> 시선 꾹꾹 눌러 모 시인이 쓴 「東海」연작시 풍경을
> 망막에 필사하다가…
> 시선 차단당한 밤!
> ―「東海」부분

시를 읽는다는 것은 시의 내용을 파악하거나 해독하는 행위가 아니라 시를 "시선 꾹꾹 눌러" "망막에 필사하"는 행위이다. 말하자면 시를 눈에 새겨넣는 행위이다. 눈에 새겼으니 이제 시는 세상을 바라보는 우리들의

창이 될 것이다. 그러면 그때부터 우리들은 시의 창을 통해 세상을 보게 된다.

시의 창을 통해 세상을 본다는 것은 어떤 의미인 것일까. 나는 그것을 시적 전환의 순간이라 생각하고 있다. 시적 전환이 우리의 세상에 어떤 변화를 가져오는가에 대한 설명은 과학에서 도움을 구할 수 있다. 과학에선 과학자가 세상을 바라볼 때 과학적 전환이 발생한다. 가령 뉴턴이 떨어지는 사과를 바라볼 때는 과학적 전환을 통해 세상이 중력이라는 힘으로 재편된다. 그렇게 되면 뉴턴이 이룩한 과학적 전환의 뒤에서 세상에 대한 설명이 달라진다. 즉 사과가 떨어진다는 우리의 일상적인 세상이 지구가 갖고 있는 중력이라는 힘이 사과를 아래로 잡아당긴다는 전혀 다른 설명을 갖게 되는 것이다. 전환의 다음 순간, 세상은 예전과 똑같지만 전혀 다르게 열린다.

시적 전환의 경우도 마찬가지이다. 같은 세상이 전혀 다르게 열린다. 그 전환이 최초로 일어나는 시점은 사실은 시를 읽을 때가 아니라 시를 쓸 때이다. 세상이 새롭게 열리는 최초의 경험은 시인의 몫이다. 그리고 시를 읽을 때 또다시 전환이 발생한다. 그때의 전환으로 새롭게 열린 세상을 마주하게 되는 경험은 독자의 몫이다.

나는 이제 이 시적 전환에 초점을 맞추어 최용훈 시

집 『풍수원』을 읽어보려 한다. 그가 자신의 시를 통해 어떤 전환을 이루었으며, 그 전환을 통해 열리는 또 다른 세상이 어떤 풍경을 하고 있는가를 살펴보는 여정이 될 것이다.

2

여정을 최용훈의 시가 보여주는 삶에 대한 시각을 살펴보는 것으로 시작한다. 그에 의하면 삶이란 힘겹고 고된 것이며 그러한 삶을 짊어진 대표적 동물이 낙타이다. 그는 낙타에게서 자신의 삶을 보고 있다.

> 후생을 구제하기 위해
> 사막한 현생을 감내하는
> 전생의 수형자
>
> ―「자화상1 ―낙타」 부분

"사막한 현생"이라고 했으니 현재의 삶이 그에겐 사막이다. 사막은 물을 쉽게 구할 수 없고 햇볕을 피할 수 없는 곳이다. 그곳을 살아가는 것이 삶이라면 고생스럽고 힘들 수밖에 없다. 어쩌다 그는 사막의 삶을 현재의 삶으로 감당하게 된 것일까.("낙타"라는 부제목으로 인하여 나는 "사막한"이란 단어를 낙타와 결합시켜 '사막이 된'이란 뜻으로 읽었다. 하지만 국어사전에는 '사막하다'라는 형용사가 있으며 해당 단어가 '가혹하여 조금도 용서함이 없다'는 뜻을 갖고 있음을 밝혀 놓는다. 시인의 삶을 나타낸 속뜻을 그대로 가진 형용사이다)

  사람들은 현재의 고생스러운 삶을 전생의 잘못 탓으로 돌릴 때가 있다. 내가 전생에 무슨 죄를 지었길래 이 고생이냐는 푸념은 아주 흔할 정도로 사람들 사이에 만연되어 있다. 시인의 생각도 이에서 그리 멀지 않아 보인다. 낙타에게 "전생의 수형자"란 꼬리표를 붙여놓고 있기 때문이다. 시인에겐 오늘을 살아가는 힘겨운 자신의 삶이 전생에 범한 죄에 대한 대가이다. 그러한 경우 삶의 조도가 밝을 수는 없다.

> 나는 언제나 밤이었구나
> 한 줄기 빛도 스미지 못하는 몸,
> 상부에 내건 조명을 끄면
> 어두워라 밤이고 낮이고 어두워라
>   ㅡ「자화상2 ㅡ어둠의 자식」부분

자신의 몸이 곧 밤이라고 했으니 그에게 삶은 암울했

을 것이다. 그는 자신이 감당해야 했던 삶의 암울함을 "앞날이 훤히 보이게 어두"웠던 삶이었다고 말한다. 앞날이 훤히 보이는데 그 훤히 보이는 앞날이 모두 어둠이라면 삶의 암울함은 깊을 수밖에 없다.

 이러한 암울함은 평생을 일하고 정년을 지난 뒤에도 해소가 되질 않는다.

> 단언한다
> 산다는 게 좋을 일은 이제 오지 않는다
> 남은 생은 원치 않는 일만 남았을 게 분명하다
> ―「생계生計」 부분

 삶은 정년의 뒤까지도 암울하며 나이가 들고 나면 지금까지 살아온 경험으로 깊어지는 것이 아니라 오히려 삶의 목적을 잃고 만다.

> 양달에서도 몸서리치는 나이가 되면
> 우리를 지탱해온 끈기도 목적어를 상실하고…
> ―「명암」 부분

 우리는 궁금하지 않을 수 없다. 어떤 삶의 하중이 그를

짓누른 것일까. 대개 감당할 수 없는 삶의 무게가 그러한 인식을 몰고 올 것이기 때문이다. 시는 그 이유 중의 하나로 그의 신체적 이상을 알려주고 있다.

"당사자 말고는 아무도 관심이 없어서, 내 귓속에서 1인 시위 중인 이명은 귀머거리들의 유일한 해방구"(「운명, 그 적막適寞에 대하여 -필연」)라는 구절은 그가 겪고 있는 신체적 이상이 귀와 관련된 것임을 짐작하게 해준다. 그 짐작은 "소리와 결별한 후 주체성을 되찾은 것은 불행이었으나/자기검열도 불행을 두려워해 안부 인사가 간결해졌다"(「코타르증후군」)는 구절 속에서도 가능하다. 첫 시집인 『소리의 원근법』에선 그 증상을 더욱 구체적으로 만날 수 있다. "오른쪽 귀가 슬하의 소리들을 데리고 몸을 나갔다"는 구절이나 "왼쪽 귀는/적막해진 제 처지를 이겨내려고/보청기를 입양해 낮이나 밤이나 품에 끼고 살아간다"(「적막」)는 구절, 또 "누가 내 귀에/방음벽을 쳤을까"(「억기」)와 같은 구절이 그 예이다.

신체적 이상은 우리들을 그 이상 속에 가두기 마련이다. 귀가 들리지 않으면 우리는 소리가 제거된 세상에 갇힌다. 그런데 놀라운 일이 벌어진다. 시인은 그 이상에 갇히지 않고 오히려 또 다른 세상을 열고 있다.

가만, 고요는 완벽한 방음벽인데 귀머거리도 이명만은 듣는다? 그렇다면 주변이 고요할수록 더 크게 들리는 이 소리는 소리의 영역 밖에서 들려오는 어떤 계시이거나, 아니면 내가 내게 해대는 꾸지람이 외부로 새어 나가지 못하게 내 안의 다른 내가 나를 방어하는 방어기제인 것. 그런 거라면 고요가 내는 소리의 의미를 알아듣고 못 알아듣고는 누구 탓도 아닌 내 탓이 분명하지만, 고요의 집합에는 침묵도 포함돼서, 세상이 고요와 적막寂寞을 등가로 규정하면 고요가 소리를 지르는 게 적막適莫인 거죠.

―「운명, 그 적막適莫에 대하여―필연」 부분

　이미 말했듯이 우리의 일반적 인식 속에선 귀가 들리지 않으면 소리의 세상으로부터 격리된다. 그러면 소리의 세상은 닫히게 된다. 그런데 시인의 세상에선 그 반대 현상이 발생한다. 귀가 들린다고 하여 고요와 적막을 구분할 수 있는 사람은 없다. 그 때문에 세상에선 "고요와 적막을 등가로 규정"한다. 그런데 귀가 들리지 않게 된 시인은 고요와 적막을 구분하면서 고요가 소리를 지르는 적막의 세상에 이르고 있다. 귀가 들리는 세상에선 도달할 수 없었던 또 다른 세상이 열린 것이다.

그렇다면 소리가 닫힌 세상에서 오히려 또 다른 소리의 세상을 연 시인의 힘은 어디에서 오는 것일까. 그 힘은 바로 최용훈의 시 자체에서 오는 것이라고 말할 수 있을 것이다.

사실 우리가 사는 세상은 열린 듯 보이면서도 닫혀 있는 세상이다. 소리가 들리는 세상은 소리에 열려있는 듯 보이면서도 바로 들리는 소리 때문에 그 소리로 세상을 닫아거는 경우가 많다. 열려있는 구속은 습관 때문이다. 그 습관에 의하면 들리지 않는 것은 들리지 않는 것이고, 들리는 것은 들리는 것이다. 하지만 귀가 들리지 않으면 더 이상 그 습관의 세상을 살 수가 없다. 그때 시인은 습관의 세상을 벗어날 기회를 갖는다. 그리고 최용훈에게 있어 그 기회가 시적 전환을 통해 새롭게 열렸을 때 우리는 시인의 시에서 고요와 적막이 구분되는 세상을 보게 된다.

나는 자신의 현실을 넘어설 수 있게 해준 시인의 힘이 사실은 작은 일상에서 출발한다고 보는 편이다. 최용훈도 예외가 아니다. 그가 시를 통해 이룩해내는 자잘한 일상들은 어렵지 않게 접할 수 있다. 예를 구해 먼저 꽃의 세상으로 가보자.

꽃이 색채로 말을 걸면

시는 조울증을 앓고

―「꽃」부분

　꽃을 모르는 사람이 있겠는가. 그 얘기는 그만큼 꽃이 우리들에게 일상적이란 뜻이다. 일상적이면 일상은 일상으로 굳어져 꼼짝을 하지 못하곤 한다. 그러면 꽃은 그냥 꽃일 뿐이다. 그러나 시인은 너무 흔하고 자주 접해서 오히려 공고해진 그 일상을 뒤흔든다. 그렇게 시인이 세상을 뒤흔들면 꽃의 색채가 말이 되고, 그러면 그 말에 따라 시가 울고 웃으며 조울증을 앓는다. 사실 전혀 다른 세상은 아니다. 꽃의 색에 따라 즐거워하기도 하고 그 색이 바랠 때 슬퍼하기도 하는 사람들의 모습이 다른 언어로 열린 것뿐이다. 시의 언어는 같은 세상을 새롭게 연다.

　모든 꽃의 향이 좋은 것은 아니다. 그러나 그것이 꽃이라는 이유로 우리는 향내가 떫어도 꽃에게는 마음을 내줄 때가 많다. 시는 그 순간을 "꽃이 가까이서 떫은 향내로 아는 체를 하면/시는 귀부인의 시종이 되"는 모습으로 열어 보인다. "꽃이 활짝 웃으면/시는 팔매질 된 돌멩이로 날아가"기도 한다는 구절은 처음에는 곧바로 이해가 되질 않는다. 왜 웃음 앞에서 돌멩이를 던진다는 말인가. 나는 꽃이 웃음을 모든 이에게 보였나 보다고 생각했다. 우리에겐 꽃의 웃음을 독점하고픈 욕심이 있다. 나는 돌멩이를 허공으로 던지며 엄한 화를 풀고 있는 우리들의 모습을 상상했다. 시인에게 꽃은 꽃으로 머물지 않고 "시가 되"며, 그러면 시인은 "불지 않는 바람이" 된다. 꽃을 흔들지 않고 감싸고 싶은 시인의 마음일 것이다. 꽃의 세상은 흔하지만 시는 그 세상을 새롭게 연다.

나무는 수령을 나이테를 통하여 보여준다. 과학의 설명에 기대면 나이테가 생기는 것은 계절에 따라 나무의 세포 분열 속도가 다르기 때문이다. 말하자면 자라는 속도가 다른 것이다. 그리고 그 속도에 따라 성장하는 나무 세포의 색이 달라진다. 옹이는 그 나이테를 엿볼 수 있는 부분이다. 그러나 시인의 설명은 과학의 경우와는 다르다.

> 고온다습한 아열대성 기후와
> 대륙성 찬 고기압이 충돌해 소용돌이치는,
> 나무의 내면을 보고 있다
> ―「옹이, 천년天年을 버티는 힘」 부분

여름과 겨울의 성장 속도가 다른 것이 나이테가 생기는 원인이라는 것이 과학의 설명이지만 시적 전환을 거치고 나면 옹이에서 내비치는 나이테는 "나무의 내면"이 된다. 그것도 그냥 내면이 아니라 힘겹게 몰아친 두 계절을 모두 이겨낸 흔적으로서의 내면이다. 옹이는 상처이지만 상처를 치유하며 살아낸 삶은 나무처럼 굳건하다는 뜻도 된다. 그러한 삶을 살아낸 사람들에겐 위안이 될 것이다.

구름과 번개는 모두가 알고 있는 자연현상이다. 하지만 시적 전환이 이루어지면 구름과 번개는 미세한 물방울이 덩어리를 이루어 허공에 떠 있는 것이거나 양전하와 음전하를 가진 구름이 만나 순간적으로 강력한 전기를 만들어내는 현상이 아니라 번개들이 모여 사는 집단 거주지가 구름으로 지칭된다.

> 내 모계는 비의 종족
> 비의 영토에는 추락과 착륙 사이에 난기류가 흘러
> 뇌우들 집성촌을 구름이라 부른다
>
> ―「현기증」 부분

때로 시는 어떤 대상에 대한 가장 정확한 설명이 되기

도 한다. 가령 꿈은 너무도 생생하여 현실과 구별되지 않지만 깨어나면 꿈이란 측면에서 현실과는 너무 동떨어져 있다. 시인은 꿈의 그러한 측면을 "생생해서 아득한"이라는 표현 속에 집약하며 누구나 수긍할 설명을 우리에게 내민다.

    생생해서 아득한,
    시간을
    순례하는 길목에서
    너무 붉어서 푸르게 내비치는 핏줄을 타고
    화들짝 곤두서는,
    진품보다 더 진품 같은
    복제품

                                              -「꿈」전문

  시인이 꿈 얘기를 하며 꿈의 세상을 새롭게 열면 우리는 그 얘기로 사회를 읽을 수 있다. 사회에선 사람들이 명품에 대한 욕망을 복제품으로 풀 때가 있다. 시인의 꿈 얘기에 따르면 복제품은 현실이 아니라 일종의 꿈이다. 사람들은 그것이 진품이 아니란 것을 알면서도 복제품의 세상으로 뛰어든다. 사람들은 그렇게 때로 꿈이란 걸 알면서도 그 꿈의 세상으로 스스로 걸어 들어간다.

명품은 비싼 물건으로 나를 담보하고자 하는 사람들의 욕망이다. 실제로는 명품으로 불리는 물건과 그것의 소유자 사이에 아무런 인과관계가 없다는 측면에서 그 욕망은 허상이다. 그런 점에서 복제품은 말하자면 허상을 복제하는 셈이다. 명품 자체가 허상인데 복제품은 그 허상을 또 복제한다. 사람들이 걸어 들어간 복제의 세상은 이중적인 허상의 꿈이다.

시인이 남다른 관찰력을 보여줄 때가 있다. 최용훈이 새를 마주했을 때 우리는 그러한 경우를 보게 된다.

> 절대 뒷걸음질 치는 법이 없어서
> 지상에선 진행 방향을 반대로 표시하며 나아가지만,
> 지상을 떠나면 온몸이 진행 방향 표식이 되어 나는 긍정의 아이콘
>
> ―「새」부분

시인이 주목한 부분은 새의 발자국이다. 새의 발자국은 세 갈래로 갈라져 있다. 시인의 눈엔 그 모양이 화살표 모양이다. 새는 "절대 뒷걸음질 치는 법이 없"지만 화

살표 모양으로 남는 새의 발자국은 진행방향과는 반대로 찍힌다. 시인의 눈에 새는 하늘을 날 때는 온몸이 화살표 모양이 된다. 우리도 사실은 새와 같아서 지상으로 내려온 뒤로 "앞으로 나아갈수록 가야 할 방향에서 멀어"진 것인지도 모른다.

그러나 "날아오르려는 것들은 중력을 역행"하며 지상에 저항하는 것들이어서 그런지 새는 올려다보는 것만으로도 시인에게 힘이 된다.

> 내 시야를 절취선으로 횡단하는 기러기 떼,
> 저 오래된 여정이 노동을 증서證書해서
> 생활이 갱신되고…
>
> ―「노마드」 부분

아무도 하늘을 날아가는 기러기 떼가 우리의 노동이나 생활과 관계가 있을 것이라 생각지 않을 것이다. 그러나 최용훈은 그렇다고 한다. 새에게 하늘을 난다는 것은 자유라기보다 고된 삶의 여정이다. 기러기 떼의 "오래된 여정"이 "노동을 증서해서/생활이 갱신되"는 세상이 열린 연유일 것이다. 때로 하늘만 올려다보아도 힘을 얻듯, 날아가는 기러기 떼가 우리의 노동, 그리고 생활에 대한 연대가 된다.

꽃, 나이테가 엿보이는 옹이, 구름과 번개, 꿈, 새는 모두 우리의 일상으로부터 멀지 않다. 가까이 있어 익숙한 것들은 새롭게 열리기 어렵다. 시적 전환은 그것을 가능하게 해준다. 그 전환이 바로 시의 힘이기도 하다. 나는 그 작은 힘들이 모여 최용훈이 자신의 신체적 이상에도 불구하고 들리지 않는 귀로 오히려 고요와 적막을 구별해낸 힘을 갖게 되었을 것이라 생각한다.

시인이 이룩해내는 시적 전환은 작은 일상과 그의 삶에 머무르지 않고 사회적으로도 이어진다. 세월호 참사를 바라보는 시인의 시각에서 그 점을 엿볼 수 있다.

사월斜月이 "4월이 없는 곳에서 살고 싶다"고 뇌까리는

4월이다

―「4월」부분

4월은 한 해의 네 번째 달이다. 그러나 세월호 참사 이후로 4월은 "수학여행에서 돌아오지 않는 아이들 이름이 편집되지 않는" 달이 되며, 서쪽 하늘에 기울어진 달이 ""4월이 없는 곳에 가서 살고 싶다"고 뇌까리는" 달이

된다. 참사가 가져온 아픔을 시인이 고스란히 감당한 때문일 것이다.

>번쩍 떠진 눈으로 올려다보는 밤하늘
>어둠이 참혹할수록 더 또렷하게 도드라지는 점자들이
>얼마나 손때를 탔는지
>밤하늘 도처에 반질반질 빛나고 있다
>―「ㄱㅣㅇㅓㄱㅎㅏㄹㅏ ―별이 된 아이들」부분

최용훈에겐 오직 기억하는 일만이 세월호를 둘러싸고 벌어진 한 정권의 부도덕에 대한 저항이 된다. 기억하는 자에게 별은 "어둠이 참혹할수록 또렷하게 도드라지는 점자들이"되며, 다행히 기억하는 이들이 많아 그들이 손으로 만지며 닦은 탓에 "얼마나 손때를 탔는지 반질반질 빛난다".

>수장된 아이들 영정이 있는 추모광장을 찾아갔으나 시인은 형용사나 부사에 믿음이 없는 부류들… 시선이 영정 속 아이들 눈과 마주치자 원경에 가서 돌아올 생각을 않는다.

―「늪」 부분

  시인은 세월호 참사의 진실에 대한 해법도 내놓는다. 그에 의하면 "한 풍경이라도 사실은 근경이고 진실은 원경"이다. 근경은 대상을 가까이서 보는 것이다. 가까이서 보면 대상 자체에 주목하게 된다. 하지만 대상의 위치를 전체적인 맥락에서 보려면 원경으로 보아야 한다. 멀리서 보아야 한다는 뜻이다. 최용훈의 말은 진실은 맥락 속에서 보았을 때 파악이 된다는 뜻일 것이다. 시인은 사실과 진실의 구별이 어떻게 되는가의 예를 세월호 참사에서 구한다. 세월호 "영정 속 아이들 눈"은 진실을 보라 한다. 그 눈을 마주했을 때 시인의 시선이 "원경에 가서 돌아올 생각을 않"게 된 이유이다.

  최용훈이 시적 전환을 통해 새롭게 여는 세상은 시인에게 한 공간을 그의 공간으로 열어주기에 이른다. 그 공간은 풍수원이다. 풍수원은 성당이다. 강원도 횡성에 있다. 성당이니 그곳은 사제의 공간이며 믿음의 공간이다. 그러나 시인이 그곳에 가면 풍수원은 그곳을 시인의 공간으로 내준다. 풍수원은 시 속에서 한 번도 성당이란 호칭을 덧붙이지 않고 나타난다. 그곳이 시인의 공간이 된 탓일 것이다.

시인의 공간이 되면 그곳에서 시인이 신부와 함께할 때 그 신부는 사제로서의 신부(神父)가 아니라 믿음과 불신을 동시에 가진 두 얼굴의 존재로서의 신부(信否)이다. 때문에 시인이 그의 신부를 부를 때 그 신부 속에는 믿음만 있는 것이 아니라 믿음과 불신이 동시에 거처한다. 풍수원에서 그는 알고 보면 그 안의 신부를 만난다. 최용훈에게 있어 그 신부는 "의심으로 믿음을 탕진한 나의 신부信否"(「풍수원 6 -폐허」)이다.

　그러면 시인은 언제 풍수원을 찾는 것일까. 욕망으로 잠 못 드는 밤이 그런 날의 하나이다. 시인은 그런 날을 가리켜 '쾌락'이 "탈의하는 버릇을 고치지 못"해 "잠이 딴짓을 하는 밤"이라고 말한다. 욕망은 모두가 피해갈 수 없는 것이기도 하나 시인은 그런 욕망에 부끄러움을 느낀다. 그리고 그때 시인은 풍수원을 찾아간다.

> 벌거벗어도 체온이 오르는 감정을 개종시키려고 풍수원에 오면,
> 어떤 기억은 오랜 인질 생활로 스톡홀름증후군을 앓아서
> 탈의를 강요하던 계절은 가버렸는데도
> 스스로 탈의를 하고 있는 나무들…

끝내 부끄러움마저 벗어던진 알몸의 나무들처럼
부끄러움을 모르는 나의 신부信妾여
　　　　　　　　　　　－「풍수원 1 －고해」부분

　아마도 시인이 풍수원을 찾은 것이 겨울이었나 보다. 잎을 떨군 나무들이 시인을 맞아주고 있었기 때문이다. 그런데 시인의 눈에는 그 나무들이 욕망을 감추지 못해 벌거벗은 것으로 보인다. 대개 성당은 욕망을 죄악시하여 고해에 뒤이은 용서로 그것을 씻어주지만 시인의 풍수원은 그보다는 잎을 떨어뜨린 나무들이 시인을 부끄러움에 빠뜨린 욕망을 함께 앓아준다. 때로 어떤 욕망이 나만의 욕망이 아니란 사실이 고해와 용서보다 더 큰 위로가 될 수 있다.
　묵정밭은 버려진 밭이다. 아마도 풍수원 성당의 주변에 그러한 밭이 있었는가 보다. 그 밭은 일상의 세계에선 오답투성이의 밭이다. 왜냐하면 일상의 세계에선 경작을 통해 오직 한 가지 작물을 내는 밭만 정답을 낸 것으로 취급하기 때문이다. 시인은 그런 일상의 세상을 "내가 항시 생각하는 나라에서는/짐승과 사람의 차이를 경작 여부로 판별해/일상이 묵정밭으로 변해가는 세월은/하나의 해답 외는 모두 오답인 참고서일 뿐"이라고 말한다. 그러나 풍수원에서 만나는 묵정밭은 전혀 다른 세상을 열어 보인다.

>묵정밭을 덮은 덤불 더미에도
>무향의 꽃이 피는 청량한 나라입니다
>―「풍수원 9―묵정밭」 부분

 밭이 묵정밭으로 바뀌는 것은 손길이 끊긴 세월 탓이다. 그러나 풍수원은 "가감승제를 모르는 사랑"의 공간이며, 사랑은 "세월에는 관심을 두지 않"기 때문에 그곳에선 묵정밭이 다른 공간이 된다. 아마도 일상의 세상이었다면 그 밭은 향기로운 꽃만을 허용했을 것이다. 그러나 풍수원의 묵정밭은 버려지면서 오히려 "무향의 꽃"마저 그 품에 품는다. 시인은 그러한 곳을 가리켜 "청량한 나라"라고 말하고 있다. 보통은 묵정밭에서 폐허를 보지만 시인의 공간에서 그곳은 오히려 맑고 깨끗한 세상으로 새롭게 열린다.
 사람들의 관심을 가장 크게 끌 만한 부분은 시인이 사랑의 괴로움으로 풍수원을 찾을 때이다. 사랑은 희열이기도 하나 괴로움이 될 때가 많으며 모든 사람들의 문제이기 때문이다. 물론 사랑은 달콤하다. '감언이설'일 때가 많기 때문이다. 동시에 사랑은 달콤하면서도 대책 없다. 시인은 그러한 사랑의 속성을 가리켜 사랑이 "'죽고 싶다'거나 '미칠 것 같다'는/대책 없는 말들을 추종"한다고 말한다. 아울러 "사랑은 사실 제멋대로 생겨먹어서/자기검열에게 조차 신분증 제시를 요구받는 의심 분자"이다. 그리하여 시인은 "사랑을 어쩌지 못"(「풍수원 4 -사랑」)할 때 풍수원에 가며 그러면 그곳은 사랑에 대해 전혀 다른 말을 들려준다.

> 꽃이 진 뒤 잎을 피우는 나무연의
> 희디흰 사랑을 가늠해보다가,
> 잎 다 진 뒤
> 마침내 꽃을 피우는
> 상사화의 붉은 이별이 떠올랐습니다
> ─「풍수원 7 -병색」 부분

아마도 풍수원에 나무연이 있었나 보다(나무연은 목련이다. 처음에는 연꽃의 일종으로 생각했으나 그런 연꽃은 없었다. 시인에게 물어 목련임을 알게 되었다. 목련을 나무연이라 쓴 것은 꽃에 주목하고자 하는 시인의 마음이 반영된 결과일 것이다. 목련이란 이름이 나무에 피는 연꽃이란 의미로 붙여진 것이란 사실 또한 처음 알게 되었다). 일찍 피는 봄꽃이 거의 그렇듯이 나무연은 꽃이 먼저 피고 잎은 나중에 핀다. 최용훈은 그 나무연을 보면서 상사화를 떠올린다. 두 꽃 모두 꽃과 잎이 동시에 피지 못한다. 사랑으로 보자면 엇갈린 사랑이다. 시인이 상사화에서 "붉은 이별"을 떠올린 연유이다. 내가 주목한 것은 엇갈린 사랑이 꽃이 되었다는 것이다. 사랑은 엇갈리는 경우에는 아름답다. 풍수원에선 괴로운 사랑도 아름다움으로 무마된다. 그곳이 시인의 공간으로 전환된 탓이다.

3

최용훈은 또 다른 시에서 읽는 것이 어떤 행위인가에 대한 또 하나의 실마리를 보여준다.

> "내 아이들 엄마가 울고 있다"고 사회관계망에 자술서를 공개한 사내여, 읽다 보면 글씨체가 번지는 문장에는 등고선이 있습니다. 그렇습니다 어떤 문장은 너무 가팔라서 한 문장을 오르는데도 호흡을 몇 번씩 가다듬어야 합니다.
>
> ―「공감 ―울음의 등고선」 부분

그가 읽은 것이 시는 아니지만 읽는 대상을 시로 바꾸면 시 또한 등고선을 가질 것이다. 그러므로 시를 읽는다는 것은 높이를 오르는 일이다. 높이를 오르는 일이므로 산을 오르는 것에 비견할 수 있다. 산을 오른다는 것은 산에 공감하는 일이다. 때로 경사가 가팔라 산을 타는 것이 힘들 수 있지만 그 힘겨움 끝에 산을 오르면 산과 누릴 수 있는 공감이 기다린다. 시도 마찬가지이다.

우리가 그 공감의 높이에 오르고 나면 최용훈의 시에선 우리의 자잘한 일상이 새롭게 열리고 한 종교적 공간이 개인에게 그 공간을 내주는 전환의 순간이 펼쳐진다. 그 순간 우리는 시적 전환으로 이룩되는 또 다른 세상을 만난다. 시를 읽는다는 것은 높이가 가져다주는 전환의 세상을 새롭게 사는 일이다. 최용훈의 시에서 만나는 세상이기도 하다.